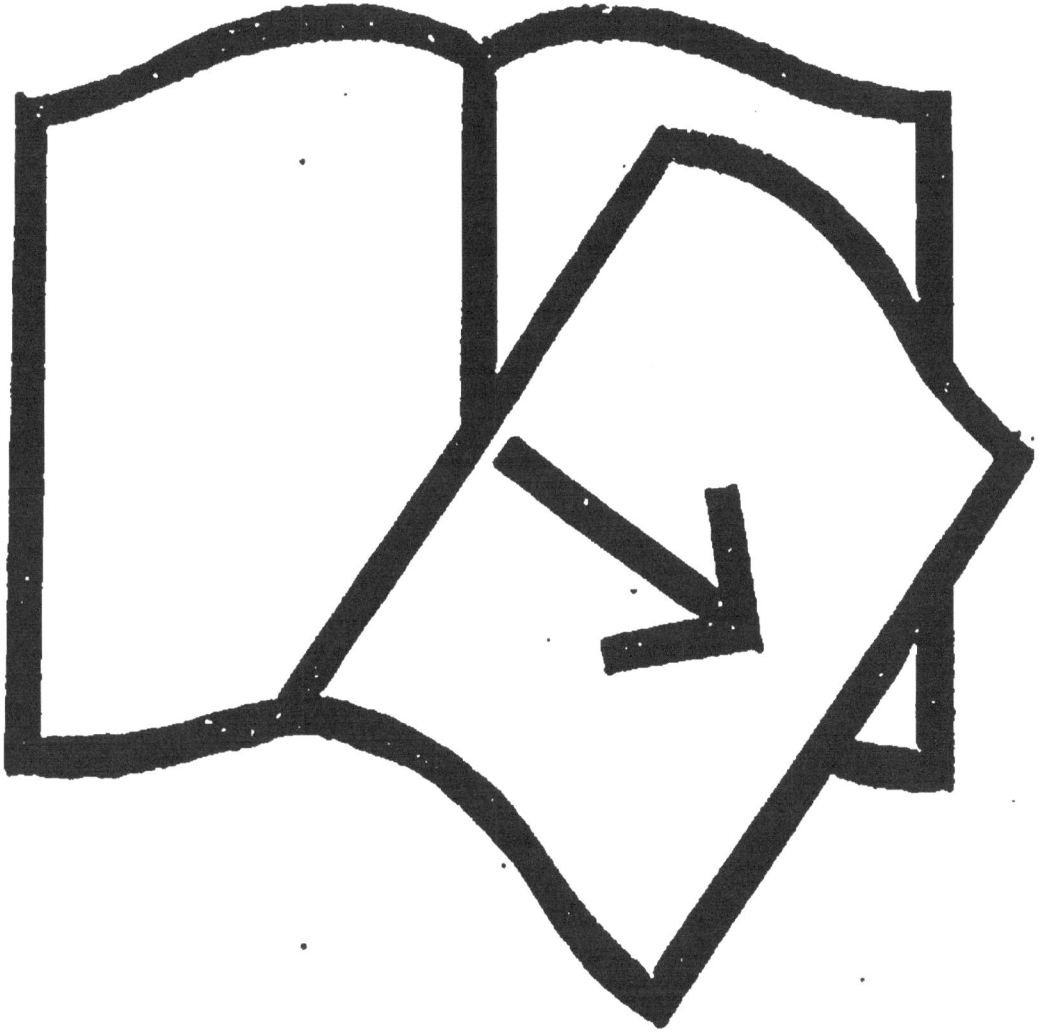

Couvertures supérieure et inférieure
manquantes

SOCIÉTÉ PHILOMATHIQUE DE BORDEAUX

Assemblée générale du 31 août 1866

RAPPORT

PRÉSENTÉ PAR M. **L. A. LAROZE**, AVOCAT

SUR LA QUESTION

DE LA CRÉATION D'UNE FACULTÉ DE DROIT

A BORDEAUX

BORDEAUX

G. GOUNOUILHOU, IMPRIMEUR DE LA SOCIÉTÉ

11, RUE GUIRAUDE, 11

1866

RAPPORT

PRÉSENTÉ PAR M. L. A. LAROZE, AVOCAT

sur la question

DE LA CRÉATION D'UNE FACULTÉ DE DROIT

A BORDEAUX.

MESSIEURS,

La Société Philomathique, depuis sa fondation, s'est rarement occupée des questions qui intéressent l'enseignement supérieur. Convaincue de la nécessité d'agir avec persévérance vers un but unique, elle a dirigé ses études et ses actes vers celui qui sollicitait tout d'abord son dévouement, et vous savez ce que les classes laborieuses doivent à ses efforts. Mais elle ne borne pas son ambition à faire le bien dans la sphère où son activité se déploie chaque jour depuis tant d'années : rien de ce qui concerne l'instruction publique ne doit lui être indifférent, et s'il s'élève une controverse relative aux hautes études dans laquelle sa voix puisse défendre les principes qu'elle a toujours pratiqués, si les intérêts de la ville qui a assisté et concouru à son œuvre sont en jeu, elle peut abandonner pour un instant le domaine de l'enseignement populaire, et donner son avis avec d'autant plus, d'autorité qu'elle s'inspirera des leçons d'une longue expérience. Tout se lie, en effet, Messieurs, dans ce vaste ensemble qu'on appelle le *problème de l'instruction publique :* c'est l'honneur de notre Société d'avoir beaucoup fait pour en favoriser l'étude à Bordeaux, et qu'il s'agisse de la création d'une École de droit ou de l'établissement de Cours d'adultes, elle peut faire connaître le milieu où elle vit, étudier les chances de réussite ou d'insuccès, signaler les obstacles et les résistances, en un mot, rendre encore ici quelques services. Celui qui a fondé sur un point du sol un édifice, si modeste qu'il soit, peut utilement renseigner l'architecte qui veut y élever un palais.

La question de l'établissement d'une École de droit à Bordeaux n'est pas nouvelle. Le 20 janvier 1844, notre Conseil municipal, sur le rapport de l'honorable M. Lagarde, prenait une délibération dans laquelle il priait le Maire de réclamer instamment auprès du Gouvernement cette utile fondation. Le 5 avril 1845, le Conseil, après avoir entendu le rapport de M. Troplong, manifestait avec insistance le même vœu, qui ne paraît pas avoir été pris en considération par le ministère.

Lorsque a commencé, il y a peu d'années, le mouvement auquel nous assistons, qui a appelé l'attention de tous sur l'instruction publique, le Conseil général de la Gironde, et après lui, le Conseil académique de Bordeaux (¹), ont uni leurs efforts à ceux qui viennent d'être signalés.

(¹) Séance du 19 novembre 1861.

C'est un de mes regrets, Messieurs, de ne pouvoir, dans l'étude rapide à laquelle je dois me livrer devant vous, citer en son entier le remarquable rapport que M. le Premier Président, Raoul Duval, a présenté au Conseil académique; je veux cependant analyser les raisons pleines de solidité et d'élévation qu'il a données, et il faut que vous me pardonniez de les dépouiller devant vous de la forme dont elles ont été revêtues dans ce travail.

M. le Premier Président n'hésite pas à penser que tous les éléments nécessaires au succès d'une École de droit se rencontrent à Bordeaux. Le droit ne se sépare pas d'un grand nombre d'études accessoires. Le magistrat, l'avocat, doivent emprunter aux lettres, aux sciences, l'aptitude à aborder toutes les questions et à les juger d'après des notions claires et coordonnées. Les Facultés existant à Bordeaux offriraient, à ce point de vue, aux étudiants, d'inappréciables ressources. Le Palais, cette école de l'orateur et du jurisconsulte, présente à Bordeaux, par la variété et l'importance des litiges, un vaste champ d'observations et d'études. Ici, la pratique des affaires et le dépouillement des dossiers occuperont, dans les études d'avoués, la jeunesse studieuse; là, les luttes d'un barreau que M. le Premier Président dit n'avoir pas dégénéré de son glorieux passé, formeront à l'art si difficile de bien dire. A Bordeaux, le droit civil et le droit commercial s'appliquent dans de nombreux procès. Le commerçant qui, autant et plus que personne, a besoin des notions précieuses du droit, s'empresserait de diriger, vers la nouvelle Faculté, son

fils, qui ne s'éloignerait pas des travaux paternels.
« En résumé, dit le rapport que nous analysons, dans
» la grande ville de Bordeaux et dans la région qui l'a-
» voisine, il y a, chaque année, nombre de jeunes gens
» qui vont chercher au loin l'enseignement qu'ils
» devraient trouver ici. Il y aurait tout avantage à les
» retenir au sein de leurs familles, à cet âge où ils ont
» encore si peu d'expérience et déjà tant de périlleuse
» ardeur. L'instruction dont ils ont besoin leur serait
» donnée sur tous les points avec l'exemple sous les
» yeux, et fructifierait dès lors davantage. Ajoutons
» qu'au point de vue matériel, l'établissement d'une
» Faculté de droit pourrait aujourd'hui s'accomplir à
» très peu de frais. »

A la suite des manifestations dont nous venons de
parler, le Conseil municipal entendait, le 20 mars 1865,
un rapport de M. le Maire, dans lequel étaient exposées
les conditions auxquelles pouvait être établie la nouvelle Faculté : « Cet établissement, disait M. Brochon,
» sera pour Bordeaux une restitution. Dès le quinzième
» siècle, l'Université, instamment réclamée par les
» maire et jurats de Bordeaux, et fondée dans notre
» ville par le pape Eugène IV, le 7 mai 1441, avait été
» confirmée par Charles VII et par Louis XI, et com-
» prenait les quatre Facultés de théologie, de droit, de
» médecine, et des sciences et arts. La ville de Bor-
» deaux avait obtenu cet établissement en offrant de
» fournir le local nécessaire et de payer le traitement
» des professeurs. Pey-Berland était chancelier per-
» pétuel de l'Université bordelaise au moment où il

» élevait à ses frais la belle tour qui porte son nom.

» La Faculté de droit a été maintenue à Bordeaux
» jusqu'en 1791. Pendant trois siècles et demi elle a été
» justement renommée. Les travaux de ses savants
» professeurs, tels qu'Antoine, les frères Lamothe,
» Barennes, Dupin, Dalesne, Ferons, ont marqué dans
» la science du droit ancien. »

L'examen de la question fut renvoyé à la commission
de l'instruction publique, dont notre honorable président, M. Fourcand, fut l'organe, et sa parole fit ressortir avec autorité les avantages que l'étude du droit
devait avoir pour le commerce de notre grande cité.

« Avoir la ferme et constante volonté d'être juste envers
ι tout le monde, disait M. Fourcand, donner à chacun
» ce qui lui revient, n'avoir dans ses relations d'autres
» bases que la loyauté, ne demander le succès de ses
» entreprises qu'aux pénétrations de l'intelligence et à
» l'activité de l'esprit : tels sont les principes que le
» droit enseigne, tels sont ceux qui, dans la pratique
» du négoce, reçoivent la double consécration de la
» fortune et de l'honorabilité. »

Sur ce rapport, le Conseil renouvela, le 8 mai 1865,
les vœux exprimés en 1844 et 1845 pour la création
d'une Faculté de droit, en offrant au Gouvernement de
prendre à la charge de la ville toutes les dépenses en
excédant de recettes qui pourraient ressortir, pendant
un délai déterminé, de cette fondation.

Ces conditions étaient les mêmes que celles en vue
desquelles un décret impérial avait rétabli, le 9 janvier 1864, la Faculté de droit de Nancy; et lorsque,

le 28 avril 1865, la même faveur était accordée à la ville de Douai, c'étaient les mêmes conditions qui paraissaient suffisantes au Gouvernement.

Vous le voyez, Messieurs, ni les études sérieuses, ni les ressources pécuniaires ne devaient manquer au projet qui nous occupe, et cependant, depuis la délibération du 8 mai 1865, quinze mois se sont écoulés sans qu'elle ait amené le résultat qu'elle devait obtenir.

C'est que pendant cette période la question est entrée dans une nouvelle phase, et qu'une polémique ardente s'est produite. Il faut s'en féliciter, Messieurs, car les institutions à l'origine desquelles ne se place pas une libre et sérieuse discussion n'ont aucune chance de durée. Je dois donc examiner les principales objections qu'on élève contre le projet d'établissement de la Faculté de droit dans notre ville.

A vrai dire, on agrandit outre mesure la discussion, lorsqu'on la place sur le terrain de la *décentralisation,* ainsi que le fait M. Batbie dans l'article qu'il a publié dans la *Revue critique de législation,* et qui a été reproduit avec approbation par la *Revue pratique de droit* (¹).

Le mot *décentralisation* indique aujourd'hui un système dont toutes les parties ne sont pas encore parfaitement étudiées, dont l'avenir fera connaître la valeur, mais qui ne peut trouver aucune application dans la question qui nous occupe. L'étude du droit n'est pas, à

(¹) Tome 21, n° 1, livraison du 1er janvier 1866.

proprement parler, *centralisée* en France : onze Facultés se partagent le territoire, et chacune d'elles, bien
qu'elle reçoive une certaine direction du Ministre, a
son existence propre, son indépendance relative. Quel-
ques-unes possèdent des cours spéciaux qui n'existent
pas dans les autres; les professeurs, soit pour l'enseignement, soit pour les épreuves à faire subir aux candidats,
ne sont enfermés dans aucune limite, aucun programme;
il en est différemment dans les Facultés des lettres et
des sciences.

Or, ce que nous demandons, ce n'est pas une modification dans l'organisation générale des études de
droit; elle peut rester ce qu'elle est malgré l'augmentation du nombre des Écoles. Nous nous bornons à faire
connaître les intérêts, les besoins de nos contrées, et il
n'y a là rien qui ressemble à la décentralisation politique ou administrative.

Nous ne croyons donc pas, comme M. Batbie, que le
programme de Nancy joue un rôle dans la question,
mais nous nous rapprocherons volontiers de l'avis de
l'honorable professeur de Paris, lorsqu'il dit : « La
» règle à suivre en matière d'enseignement supérieur
» est inverse de celle qu'il faut adopter pour l'enseigne-
» ment primaire et secondaire; ceux-ci doivent être
» répandus, tandis qu'il est bon de concentrer le pre-
» mier. L'enseignement supérieur n'est élevé qu'autant
» qu'il est donné dans des établissements fortement
» constitués, et des établissements de cette nature ne
» peuvent qu'être peu nombreux. »

Je crois, Messieurs, que ce principe est vrai; mais

comment l'appliquera-t-on? Ici commencent les diver-
gences d'opinion. Si M. Batbie veut soutenir qu'il y a
quelques avantages à ce que les centres d'études aient
de l'importance, nous en conviendrons; mais s'il pré-
tend que le nombre des Facultés existantes doit être
réduit de onze à cinq, nous lui répondrons qu'il exagère
la portée d'un principe juste et qu'il dépasse le but.

Si l'on examine la distribution des Facultés de droit
sur le territoire de la France, on demeure étonné de
l'inégalité qu'on y rencontre; en supposant le sol du
pays divisé en deux parties à peu près égales de l'est à
l'ouest, on remarque que trois Facultés seulement sont
appelées à suffire aux besoins du centre et du midi de
la France, et les huit autres se trouvent au nord de la
ligne que nous traçons ainsi sur la carte de France.

Au Nord, nous voyons des Facultés séparées par de
très petites distances : *Nancy, Strasbourg* et *Dijon,*
par exemple, sont dans un cercle dont le diamètre n'a
pas cinquante lieues.

Au Midi, nous trouvons un tout autre spectacle: à
l'est du Rhône, deux Facultés de droit, à Aix et Grenoble, assez peu distantes l'une de l'autre, et tout l'immense espace du Rhône à l'Océan ne présentant qu'une
seule Faculté, celle de Toulouse. Et cependant, Messieurs, dans le même espace, douze cours impériales,
c'est à dire la moitié environ du nombre total des cours,
distribuent la justice aux populations.

Il y a donc là une répartition vicieuse, qui n'existe
pas dans d'autres parties de l'organisation, notamment
en ce qui concerne les académies.

La conséquence inévitable qu'on en doit tirer est, selon nous, que le centre que l'on se propose de créer à Bordeaux est appelé à prendre un développement considérable. Nous avons vu cette opinion manifestée par M. le Premier Président Raoul Duval dans son rapport au Conseil académique, et nous croyons qu'elle est absolument exacte.

M. Batbie est d'un avis opposé :

« La création d'une Faculté de droit à Bordeaux, dit-
» il, prendra à Toulouse la moitié de ses étudiants ou
» peu s'en faut. Si Clermont-Ferrand en obtient autant,
» Toulouse perdra aussi quelque chose de ce côté. Il y
» aura 100 inscriptions à Clermont, *200 à Bordeaux,*
» et 250 à 300 à Toulouse. Au lieu d'un établissement
» nombreux, propre à entretenir l'émulation parmi les
» élèves et les professeurs, nous aurons, par la division
» des forces, constitué trois établissements très faibles,
» semblables à ces petites Facultés dont la suppression
» était désirée par tous ceux que n'égarait pas la préoc-
» cupation de quelque intérêt local. »

Il semble vraiment, Messieurs, à entendre ce langage, que la création d'un nouveau centre d'études juridiques ne puisse avoir pour conséquence que d'entraîner une nouvelle répartition des étudiants déjà inscrits dans toutes les Facultés. Mais qui ne s'aperçoit de l'erreur qui vicie les calculs de M. Batbie? Qui ne voit qu'il néglige absolument un élément dont il faut tenir grand compte : je veux parler de ceux qui n'auraient pas étudié le droit, si une nouvelle Faculté ne fût venue s'établir auprès d'eux.

Quand un chemin de fer vient à desservir une
contrée et à la relier à une autre, cette création n'a
pas seulement pour conséquence de fournir à ceux des
habitants qui se déplaçaient par les voies anciennes
un mode de transport plus rapide et plus commode,
mais le premier effet produit est de décider des milliers
de personnes qui ne se seraient jamais déplacées à user
de la voie de fer.

Quand un marché est ouvert en un point isolé, ce
ne sont pas seulement ceux qui portaient leurs produits
aux marchés plus éloignés qui en usent, mais la
proximité décide immédiatement le plus grand nombre
à se servir d'un débouché nouveau. — Ce sont là des
faits que nous avons tous vus et expérimentés, et qui
se relient à une loi économique que M. Batbie, le docte
professeur d'économie politique à Paris, connaît et
explique mieux que personne.

Eh bien! le même fait devra se produire si l'on
augmente, dans des limites raisonnables, le nombre
des Facultés de droit, et surtout si l'on place les créations nouvelles dans de grands centres de populations,
tels que Lyon et Bordeaux. Ici, il n'y a pas seulement
un grave intérêt moral en question; il y a aussi,
comme dans les exemples que nous venons de donner,
des intérêts matériels dont il faut savoir faire la part
et qui obéissent aux lois économiques auxquelles nous
faisions allusion tout à l'heure.

Il est peut-être assez indifférent aux familles dont la
fortune est considérable, de supporter, quand il s'agit
de diriger leurs fils vers une École de droit, toutes les

dépenses qu'entraînent les voyages à de longues distances; mais il n'en est pas ainsi pour les fortunes
moyennes. Or, nous croyons qu'autour de chaque
Faculté de droit, il se forme, pour ainsi parler, un
cercle en dehors duquel les frais de déplacement aug-
mentent dans une telle proportion, que les modestes
fortunes hésitent à le franchir. Si cela existait, l'accroissement du nombre des Écoles de droit serait un
bien, car il mettrait ainsi à portée de tous les avantages que peuvent seules aujourd'hui se procurer
quelques personnes, et, d'un autre côté, les Facultés
existantes ne verraient pas sensiblement diminuer le
nombre de leurs étudiants.

Il me semble que c'est ce qui ressort des documents
statistiques, et je vous demande la permission, Messieurs, de raisonner pendant quelques intants sur des
chiffres. Vous voudrez bien pardonner à leur aridité en
faveur de leur utilité.

Le Ministère de l'Instruction publique a publié le
relevé exact de tous les diplômes et certificats de
capacité délivrés dans les Facultés de droit, depuis
l'institution de ces établissements en 1804 jusqu'au
31 décembre 1863 (¹). Ces états numériques fournis-
sent le moyen le plus sûr d'apprécier l'importance de
chaque Faculté et ses développements depuis sa fondation : le calcul du nombre des inscriptions ne donnerait
pas toujours des indications aussi exactes, à raison des
circonstances qui peuvent, dans certaines années,

(¹) Paris, imprimerie impériale, 1866.

augmenter ou diminuer exceptionnellement le nombre des étudiants.

Si nous portons nôtre attention sur les trente dernières années, nous remarquons avec quelque surprise que la position des Facultés de droit, prises dans leur ensemble, n'a pas sensiblement varié depuis 1834. Il y a eu 2,219 diplômes délivrés en 1834, et 2,076 en 1863 ([1]).

Et cependant, Messieurs, quel immense mouvement s'est produit en France pendant cette longue période! Quelle modification profonde dans les voies de communication! Quel accroissement de la fortune publique! Quel progrès dans l'enseignement primaire et secondaire! Un seul fait suffit à le démontrer : pendant les trente années que nous examinons, le nombre des diplômes délivrés par les Facultés des lettres et des sciences a presque doublé!

Mais il est intéressant de remarquer que si, dans

([1]) Voici le détail, pour chaque Faculté, des diplômes délivrés en 1834 et en 1863 :

	En 1834.	En 1863.
Aix	85	152
Caen	88	98
Dijon	89	84
Grenoble	77	64
Paris	1178	1180
Poitiers	145	108
Rennes	123	72
Strasbourg	68	52
Toulouse	366	266
TOTAUX	2319	2076

On voit qu'il n'y a entre les deux totaux qu'une différence insignifiante de 6 1/2 0/0 environ en faveur de 1834.

leur ensemble, les études de droit paraissent être restées stationnaires depuis 1834, il n'en est pas de même dans toutes les Facultés (pour ne parler que des trois Facultés de droit qui existent dans le midi à Aix, Grenoble et Toulouse); nous constatons que les deux premières, qui n'avaient délivré que 162 diplômes en 1834, en ont distribué 216 en 1863; tandis que celle de Toulouse, qui présentait il y a trente ans, 366 diplômes, ne nous offre plus que le chiffre de 266 en 1863.

Si le principe posé par M. Batbie était exact, si le petit nombre de Facultés devait nécessairement amener la formation de grandes écoles, aucune Faculté n'aurait été mieux placée que Toulouse pour prospérer et s'agrandir, puisqu'elle est seule à desservir une étendue de territoire très considérable. Il n'en est rien cependant; la Faculté de Toulouse n'a pas prospéré, tandis que celles d'Aix et de Grenoble, séparées cependant par des distances peu importantes, sont en voie d'accroissement.

L'essentiel paraît donc être de placer les écoles à portée des populations et non de les en éloigner, en diminuant le nombre des Facultés. En suivant cette ligne de conduite, on devra arriver à favoriser l'étude du droit en attirant de nombreux étudiants dans les nouvelles Facultés, sans porter aux anciennes d'atteinte sensible.

Voyez ce qui se passe à Nancy! Cette Faculté est fondée en 1864, elle compte immédiatement plus de 150 inscriptions, et M. le vicomte Droüot, M. Chevandier de Valdrôme affirment à la tribune du Corps législatif (¹) qu'un bel avenir lui est réservé; la Faculté de Strasbourg, distante de moins de trente licues, n'a pas souffert de la récente création. Elle conserve son rang, et il en est de même de celle de Dijon.

C'est pour avoir méconnu ces faits que l'honorable professeur de Paris a commis une erreur considérable dans le chiffre approximatif d'inscriptions qu'il donne à notre future Faculté. Tous les hommes compétents sont convaincus, à Bordeaux, que le nombre qu'il cite sera plus que doublé. Sans doute la Faculté de Toulouse perdra, dans les premiers temps surtout, quelques inscriptions, celle de Poitiers sera dans le même cas; mais nous sommes bien loin de penser, comme M. Batbie, qu'une moitié des inscriptions de Toulouse disparaîtra par suite de la mesure dont nous nous occupons, et quant à l'élément que M. Batbie néglige dans son calcul, il sera d'une importance incontestable dans une ville de près de 200,000 âmes, riche, commerçante, et qui comprend admirablement tous les avantages que l'étude du droit peut procurer.

Tout semble, d'ailleurs, promettre le succès à la Faculté dont nous demandons la création. M. Batbie constate lui-même qu'il se produit en ce moment un mouvement d'autant plus significatif qu'il succède à une longue immobilité. L'étude du droit est en faveur, et le nombre des étudiants augmente dans toutes les Facultés. Ne sommes-nous donc pas dans le vrai quand nous disons : ouvrez une carrière à tant de légitimes

(1) Voir le *Moniteur* des 21 et 22 juin 1866.

aspirations, favorisez cette heureuse impulsion, fondez une Faculté nouvelle, et ce ne sera pas seulement un déplacement d'étudiants que vous opérerez : vous fournirez à un grand nombre de bons esprits le moyen de faire des études qu'ils n'auraient jamais abordées.

Si j'ai été assez heureux, Messieurs, pour prouver que notre cité doit devenir un de ces foyers d'études *doués,* d'après l'expression de M. Batbie, d'*une vitalité énergique,* que devient, en ce qui nous concerne, l'argument formidable que l'on veut tirer de l'*abaissement du niveau des études juridiques* par la multiplication des Facultés de droit?

Aucun abaissement n'est à craindre, si les centres actuellement existants restent à peu près ce qu'ils sont; et diminueraient-ils d'importance, il resterait encore à se demander si l'émulation n'existe pas suffisamment dans les Facultés que l'on est convenu d'appeler *petites* à raison du nombre de leurs étudiants, et si les honorables professeurs qui les composent verraient subitement diminuer leur talent et leur zèle parce qu'ils auraient quelques auditeurs de moins que par le passé. Il y a bien des personnes, Messieurs, qui pensent que le contact des professeurs et des étudiants, bien plus fréquent dans ces Facultés, l'assiduité qu'on y exige plus sévèrement qu'à Paris, sont autant de garanties de bonnes et sérieuses études, et que ce n'est pas le nombre des étudiants qui fait l'excellence de l'enseignement. Le mérite des professeurs est une condition bien plus essentielle, et, à ce point de vue, les Facultés de province ont fait leurs preuves. Il suffit de rappeler,

entre mille, les noms de Toullier, de Demolombe, de Boncenne, de Chauveau (Adolphe), pour réveiller le souvenir d'une science profonde, unie aux connaissances pratiques les plus étendues.

N'abuse-t-on pas d'ailleurs un peu de ce mot effrayant : *l'abaissement du niveau des études,* et ne perd-il pas de sa gravité quand on l'examine de plus près?

Qu'appelle-t-on le *niveau des études*, et à quelle hauteur, dans l'échelle des capacités, le place-t-on?

Si vous envisagez seulement les étudiants les plus distingués, ceux dont les concours et les examens ont donné les plus remarquables résultats, vous calculerez sur l'exception et non sur la règle générale. Ces sujets distingués, vous les trouverez, toute proportion gardée, aussi nombreux en province qu'à Paris. Il est certain que l'activité de la vie intellectuelle dans la capitale, la facilité exceptionnelle donnée à tous de s'instruire, favorisent l'éclosion des intelligences d'élite. Mais il est également sûr qu'un vigoureux esprit peut arriver au même résultat en province. Or, que l'on augmente ou que l'on réduise le nombre des Facultés de droit, il est très vraisemblable que les choses se passeront toujours de la même façon, quant à cet *état major* des étudiants en droit.

Mais ce qu'il faut considérer, c'est le plus grand nombre; ce sont ces étudiants qui, sans briller au premier rang, emportent néanmoins en quittant la Faculté quelques connaissances acquises, et surtout un instrument qui leur permettra d'en amasser de nouvelles;

qui ont conquis leurs diplômes par un travail cons-
ciencieux et jugé suffisant, sans aspirer aux palmes du
concours. Eh bien! Messieurs, je ne crois pas me trom-
per en disant que, pour cette moyenne, le niveau est à
peu près le même dans toutes les Facultés, et restera
le même en cas de créations nouvelles. Et, d'ailleurs,
si dans les épreuves imposées par les diverses Facultés
on remarquait des différences trop sensibles, n'existe-t-il
pas un centre où se réunissent tous les faits de nature
à indiquer l'état des études et les tendances de chaque
Faculté? Et ne serait-il pas toujours au pouvoir de la
pensée qui dirige cet ensemble de faire entendre des
avis, de distribuer de puissants encouragements, en un
mot, d'égaliser en quelque sorte partout ce niveau dont
on parle tant?

D'ailleurs, il n'en est pas du droit comme des
sciences exactes. S'il venait à la pensée d'un insensé de
créer en France cinq écoles polytechniques, on pourrait
alors affirmer que le niveau des études scientifiques
baisserait immédiatement, et qu'il s'établirait en quelque
sorte une moyenne entre les diverses écoles. Il y a un
intérêt immense dans le monde scientifique à ce que
les grandes découvertes, les méthodes nouvelles, les
progrès incessants se centralisent, et qu'on puisse
affirmer que toujours un corps unique (qu'on l'appelle
Académie des sciences, École polytechnique ou de tout
autre nom) est le dépositaire des derniers progrès de
la science.

Mais le droit se meut dans des voies où les découvertes sont bien plus rares; si les lois constatent les

progrès accomplis par les nations, la science qui les
interprète et les explique est elle-même susceptible de
peu de progrès; les méthodes y sont à peu près les
mêmes en tous les temps; le fonds commun dans lequel
puisent les jurisconsultes pour commenter la loi posi-
tive n'est autre que la conscience humaine éclairée par
l'étude de l'histoire et de la philosophie, et ce fonds est
partout à la disposition de tous. Il n'en est pas absolument de même pour le physicien ou le chimiste, car,
dans ces branches du savoir humain, une découverte
vient quelquefois renouveler complètement la science,
et sous peine d'être dépassés, ils doivent connaître
exactement les progrès de chaque jour.

On doit donc se préoccuper moins que ne le voudrait
M. Batbie de l'abaissement du niveau des études; il ne
peut, d'après nous, que difficilement se produire, et la
France n'est pas prête encore à subir, aux yeux des
nations étrangères, une déchéance dont la préservera
toujours le caractère et le génie actif de ses habitants.

Et maintenant, Messieurs, que nous avons passé en
revue la plupart des arguments que l'on fait valoir contre
la thèse que nous soutenons, qu'il nous soit permis de
glisser légèrement sur l'objection qui consiste à dire
que la création sollicitée serait une charge onéreuse par
le budget.

Cette opinion est soutenue non seulement par
M. Batbie, mais par M. Maurice Richard, député, qui
l'a développée dans la séance du Corps législatif du
20 juin 1866. — Elle se formule ainsi :

Les villes qui demandent la création de Facultés

s'engagent seulement à combler l'excédant des dépenses
sur les recettes, et cela pendant un nombre déterminé
d'années. Il en résulte que les étudiants qui se rendront
dans ces nouvelles écoles auraient porté leurs frais
d'études dans les Facultés existantes, où ils auraient
augmenté les recettes de l'État sans accroître d'un cen-
time les dépenses de ces établissements. Il y aura donc
perte, dès à présent, puisque ces frais d'études seront
employés à payer des dépenses nouvelles, et dans l'a-
venir, car si les villes viennent à ne pouvoir supporter
les charges qu'elles s'imposent, l'État devra y pourvoir.

Il faut répondre, Messieurs, par ce que nous avions
l'honneur de vous exposer tout à l'heure. Tous les étudiants qui suivront les cours de notre Faculté de droit
n'auraient pas porté leur argent dans les autres
Facultés; le nombre de ceux qui se décideront à étudier
le droit par suite de cette création sera, d'après nous,
considérable; dès lors, l'objection s'affaiblit sensiblement. Or, les décrets déjà rendus posent de la manière
la plus nette la question : s'il y a des excédants de
dépenses, les villes les supporteront; s'il y a des béné-
fices, ils iront au Trésor; et si les villes ont contracté
des engagements au-dessus de leurs forces, les décrets
contiennent tous un article final, qui dispose qu'en cas
d'inexécution de cette sorte de contrat entre l'État et
les villes, la Faculté cesserait immédiatement d'exister.

Aucun danger n'est donc à craindre pour le Trésor
public, et il y a lieu de penser au contraire qu'il rece-
vrait à Bordeaux des excédants de recettes qui lui
permettraient d'améliorer la position des professeurs.

C'est encóre là un grief reproché à la mesure que
nous sollicitons. La nouvelle création empêchera, dit-
on, cette désirable augmentation du traitement des
professeurs. Messieurs, ne le croyons pas. L'État sait
très bien aujourd'hui que le sort de ceux qui se
dévouent à l'enseignement doit être amélioré. Il a pris
l'initiative de ces augmentations de traitements dans
plusieurs branches de l'administration, le tour des professeurs de droit viendra, et ce sera justice. — Nous
avons la conviction que l'établissement projeté à Bordeaux, loin de créer des obstacles à ces desseins, viendra puissamment les favoriser. Mais si nous nous
trompions dans nos prévisions, la situation de l'État à
l'égard des professeurs ne changerait pas, car tôt ou
tard il devra faire pour eux ce qui a déjà été fait pour la
magistrature et divers fonctionnaires. Ainsi, la réussite
très probable de la Faculté de Bordeaux entraîne pour
l'État un excédant de recettes; son insuccès ne l'expose
à aucune dépense, et le sort des professeurs sera d'autant plus tôt amélioré que notre succès sera plus prompt
et plus décisif.

Formulons donc, Messieurs, au nom de la Société
Philomathique, le vœu que depuis vingt ans l'administration de notre ville a plusieurs fois réitéré : nous
serons ainsi fidèles à notre mission de répandre l'instruction partout où elle peut pénétrer. Ici, l'intérêt de
nos concitoyens est d'accord avec les principes qui diri-
gent tous nos actes : étudier les lois, en effet, c'est se
donner un guide sûr pour toute la route que l'on doit
parcourir dans ce monde; mais c'est surtout apprendre

à leur obéir, car le citoyen se forme autant que le légiste dans ces nobles travaux; c'est enseigner à ses semblables, par le précepte et par l'exemple, à faire prévaloir sur la violence le droit sur lequel peuvent seules s'appuyer les convictions solides et les durables institutions; c'est préparer, enfin, l'avenir; car plus se répandront parmi nous le respect des lois et l'amour des principes qu'elles ont pour mission d'appliquer, plus nous aurons fait de progrès dans cette voie, au terme de laquelle notre pays atteindra le plus haut degré de puissance et de liberté.

Ce rapport, dont M. A. Laroze avait bien voulu se charger sur la prière du Comité d'administration de la Société Philomathique, est écouté avec le plus vif intérêt et suivi d'applaudissements unanimes. M. le Président félicite l'auteur de s'être acquitté avec tant de conscience et de succès de la tâche qu'il avait entreprise.

Sur la proposition du Comité, et conformément aux conclusions du rapporteur, l'Assemblée générale émet le vœu de la création d'une École de droit à Bordeaux; elle décide en même temps que le travail de M. Laroze sera inséré à sa date dans le bulletin semestriel de la Société, et que des exemplaires de ce Rapport seront immédiatement adressés à M. le maire de Bordeaux et aux personnes notables qui s'intéressent à cette question.

Bordeaux, Impr. G. GOUNCUILHOU, rue Guiraude, 11.

www.ingramcontent.com/pod-product-compliance
Lightning Source LLC
Chambersburg PA
CBHW070159200326
41520CB00018B/5461